DER GASMANN

HEINRICH SPOERL

DER GASMANN

GEKÜRZT UND VEREINFACHT
FÜR SCHULE UND SELBSTSTUDIUM

Diese Ausgabe, deren Wortschatz nur die
gebräuchlichsten deutschen Wörter umfaßt,
wurde gekürzt und vereinfacht und ist damit den Ansprüchen des Deutschlernenden
auf einer frühen Stufe angepaßt.

Oehler: Grundwortschatz Deutsch (Ernst
Klett Verlag) wurde als Leitfaden benutzt.

HERAUSGEBER
Stefan Freund *Dänemark*

Illustrationen: Per Illum

© 1974 ASCHEHOUG A/S
ISBN Dänemark 87-429-7482-8

Gedruckt in Dänemark von
Sangill Bogtryk & offset, Holme Olstrup

HEINRICH SPOERL
(1887–1955)

Der am 8.2.1887 in Düsseldorf geborene
Autor gehört zu den in der deutschen Li-
teratur überaus seltenen Schriftstellern, die
sich auf den Humor verstehen. Liebens-
würdig und mit leichter Feder nimmt er die
Schwächen seiner Mitmenschen aufs Korn.
Besonders freute er sich, wenn er hinter der
Fassade wohlgesetzter Würde einen mensch-
lichen, wenn auch nicht ganz engelhaften
Kern entdeckte.

Heinrich Spoerl studierte zunächst Jura
und war von 1919–1937 als Rechtsanwalt
in seiner Vaterstadt tätig. Danach lebte er
viele Jahre in Berlin und ließ sich später in
Rottach-Egern am Tegernsee nieder, wo er
am 25.8.1955 verstarb.

WERKE DES AUTORS
Die Feuerzangenbowle, 1936. Der Maulkorb,
1936. Man kann ruhig darüber sprechen,
1937. Der Gasmann, 1940. Das andere Ich,
1942. Die weiße Weste, 1946. Die Hoch-
zeitsreise, 1946. Der eiserne Besen, 1949. Ich
vergaß zu sagen, 1955.

der Gang

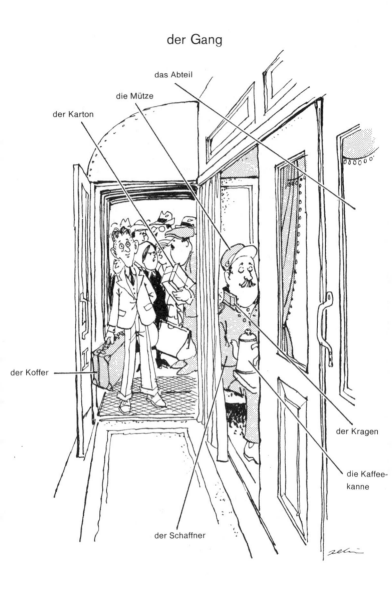

das Abteil

die Mütze

der Karton

der Koffer

der Kragen

die Kaffee-
kanne

der Schaffner

I

Durch den Zug geht ein Mann im *Schlafanzug*. Er kommt aus dem letzten Wagen und geht nach vorn durch die langen, hellen, leeren *Gänge*. Der Schlafwagen*schaffner* auf dem Gang hat es sich bequem gemacht, hat die harte *Mütze* vom Kopf genommen und den *Kragen* geöffnet und ist über seiner *Kaffeekanne* eingeschlafen. Der Herr im Schlafanzug geht leise an ihm vorbei, liest die Zahlen an den *Abteil*türen der Schlafwagen *erster Klasse*. Er bleibt vor einer der Türen stehen. Wartet ein paar Minuten, sieht nach rechts und nach links. Es ist nichts zu hören. Dann öffnet er langsam die Tür und verschwindet ins Dunkel. Die Tür geht hinter ihm zu und sieht wieder genau so aus wie die anderen Türen.

Dann ist es Morgen. Die Gänge der Schlafwagen werden lebendig. Türen öffnen sich. Leute treten auf den Gang. Sie rauchen ihre erste Zigarette und sehen durch das Fenster. Meistens sind es Herren, die nachts fahren. Wenn eine Frau darunter ist, dann ist sie meistens schön. Auch der Herr ist wieder da. Er hat noch immer seinen grauen Schlafanzug an. Er sieht merkwürdig aus zwischen den anderen Herrn, die schon mit Hut und *Koffer* im Gang stehen und bereit sind, den Zug zu verlassen.

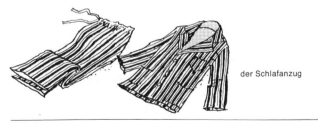

der Schlafanzug

die erste Klasse, ein Abteil mit besonderer Einrichtung

Durch das Fenster kann man schon Berlin sehen. Der Herr im Schlafanzug ist unruhig und läuft durch den Gang. Alle Leute schauen ihn an. So kommt er an das Ende des Wagens. Hier ist die reiche Welt zu Ende. Der internationale Schlafwagen ist an einen gewöhnlichen Zug angehängt.

In dem Gang der dritten Klasse stehen viele Leute mit Koffern und *Kartons*. Ein Mann im blauen Sonntagsanzug mit einem kleinen Koffer in der Hand ist ein Stück in den Schlafwagen getreten und sieht sich alles an. Er möchte gerne sehen, wie reiche Leute reisen.

Da *tupft* ihm jemand auf die *Schulter*: »Hören Sie mal!«

die Schulter

»Ich gehe ja schon«, sagt der Mann aus der dritten Klasse. Der Herr im Schlafanzug stellt sich ihm in den Weg.

»Ich habe Ihnen einen *Vorschlag* zu machen. Erst eine Frage: Kennen Sie mich?«

Der kleine Mann sieht ihn aus großen Augen an: »Nein, wieso?«

»Dann ist es gut. Ich möchte Ihren Anzug kaufen.«

»Meinen Anzug, den will ich aber gar nicht verkaufen.«

»Was wollen Sie dafür haben? Dreihundert Mark – fünfhundert?«

Der Mann im Anzug rechnet: dreihundert Mark wäre schon viel zu viel; aber fünfhundert Mark...

»Wenn Sie wollen, dann können Sie heute Nachmittag

---

der Karton, siehe Zeichnung auf Seite 6
tupfen, mehrmals rasch und leicht berühren
der Vorschlag, der Rat

mal zu mir kommen. Ich heiße Hermann Knittel, Urban-straße 163. Soll ich es aufschreiben?«

Der Herr im Schlafanzug sagt leise: »Ich brauche den Anzug sofort. Sagen wir achthundert Mark.«

Er *schiebt* Knittel in den Waschraum. Knittel beginnt, sein Hemd auszuziehen. Er ist froh, daß er gestern ein sauberes Hemd angezogen hat. Plötzlich denkt er nach. Was soll er jetzt anziehen? Er hat gar nichts bei sich. Er kann doch nicht *nackt* in Berlin ankommen.

»Das ist schlecht«, sagt der Herr, »dann müssen Sie meinen Schlafanzug anziehen.«

Knittel fragt: »Was! Haben Sie denn keinen Anzug?«

»Nein.«

»Sie müssen doch einen Anzug haben? Sie sind doch nicht im Schlafanzug fortgefahren? Ist er *gestohlen* worden?«

Der Herr gibt keine Antwort.

»Ich möchte Ihren Anzug.«

»Aber ich kann doch nicht auf dem *Bahnsteig* im Schlafanzug herumlaufen.«

»Einer von uns wird es müssen«, sagt der Herr.

»Tun Sie es doch selbst«, sagt Knittel, »warum ich?«

»Weil ich nicht *auffallen* darf. Ich bezahle Sie dafür. Wieviel?«

»Die Leute werden doch alle auf mich sehen.«

»Das bezahle ich mit«, sagt der Herr und fängt an, einen *Scheck* zu schreiben.

»Und wenn die *Polizei* kommt?«

---

schieben, drücken
nackt, ohne Bekleidung
stehlen, wegnehmen
der Bahnsteig, da, wo der Zug hält
auffallen, ungewöhnlich sein
der Scheck, die Polizei, siehe Zeichnungen auf Seite 10

der Scheck

· die Polizei

»Gut, bezahle ich auch.« Der Herr schreibt einen neuen Scheck.«

»Und was meinen Sie, was meine Frau dazu sagt, wenn ich ohne Anzug nach Hause komme?«

»Eine Frau haben Sie auch? Dann müssen wir den *Betrag* verdoppeln.« Und er beginnt einen neuen Scheck zu schreiben.

»Aber wie heißen Sie denn?« fragt Knittel.

Der Herr gibt keine Antwort; schreibt einen neuen Scheck.

Knittel: »Ja, haben Sie denn kein Geld? Das ist aber komisch. Sie laufen hier herum, mit nichts bei sich. Woher kommen Sie?«

Der Herr hat schon Knittels Anzug an. »Hier ist der Scheck«, sagt er. Und ist schnell fort.

»Meinen Anzug will ich haben!« schreit Knittel und läuft hinter dem Mann her. Der Zug *bremst* schon *ab*. Knittel stößt mit einer älteren Dame zusammen. Sie sagt: »Oh!« Da denkt er daran, daß er nur Unterhosen anhat!

Er geht in den Waschraum zurück. Er ruft durch die Tür nach dem Schaffner. Der Schaffner ist am anderen Ende des Zuges. Schaffner sind das immer. Der Zug fährt langsam in den Bahnhof ein und hält. Knittel sieht gerade

---

der Betrag, hier: das Geld
abbremsen, langsamer werden

noch durch das Fenster, wie der Herr in seinem Anzug aussteigt und verschwindet.

Mit seinem schönen blauen Anzug! Zurück liegt der Schlafanzug und obendrauf der kleine Scheck. Knittel sieht nicht hin. Er will damit nichts zu tun haben. Aber dann bleibt sein Blick doch daran hängen. Er sieht eine Zahl. Die ist so groß, daß er nicht weiß, wie er das verstehen soll. Er bleibt ganz still und sieht auf den Scheck. Dann *steckt* er den Scheck tief in den *Strumpf.*

Er weiß, hier kann er nicht bleiben. Langsam zieht er den Schlafanzug an. Das ist besser als nichts! Er geht aus dem Waschraum, verläßt den Zug und geht in dem Schlafanzug, den Koffer in der Hand, den Bahnsteig *entlang.* Er *hat Angst,* hat die Augen halb geschlossen. Er sieht niemanden an, geht geradeaus.

In Berlin ist man daran gewöhnt, Leute in merkwürdiger Kleidung zu sehen.

So kommt es, daß der kleine Mann im Schlafanzug, der über den Bahnsteig geht, ganz und gar niemandem auffällt. Knittel öffnet die Augen und sieht sich um. Niemand sieht ihn an. Nur eine alte Frau sagt zu einem Schaffner: »Sehen Sie, da geht einer im Schlafanzug!«

»Ja, und?«

der Strumpf

das Taxi

---

stecken, wegtun, weglegen
entlang, nebenher
Angst haben, sich fürchten

Knittel merkt, daß er wieder in seinem lieben Berlin ist. Er fährt mit einem *Taxi* nach Hause. Er ist etwas ängstlich, als sie in die Urbanstraße kommen, wo alle Leute ihn kennen.

Der Wagen hält. Knittel springt aus dem Taxi in das Haus. Auf der Treppe hört er Stimmen. Er greift sich eine Milchflasche, die vor einer Tür steht. Bei ihm hat man das auch schon gemacht. So steigt er froh die Treppe hinauf, mit

13

der Flasche im Arm, sagt »Guten Morgen« und »Danke, gut«.

So kommt Knittel in seine schöne Wohnung.

»Erika?«

Er geht durch die ganze Wohnung und sucht seine Frau. In der Küche findet er einen Zettel: »Bin mit den Kindern einkaufen.« Knittel ist froh darüber. Jetzt hat er Zeit, sich erst einmal anders anzuziehen.

Als er fertig ist, setzt er sich in die Küche, trinkt Kaffee und kommt endlich in Ruhe. Da es niemand sieht, nimmt er drei Löffelchen Zucker.

Es ist still in der Küche. In der Tiefe seines Strumpfes drückt ihn der Scheck. Er holt ihn heraus und legt ihn neben die Tasse. Er besieht sich das kostbare Papier von oben und unten, von hinten nach vorn. Es ist ein bißchen *zerknittert*.

Er weiß natürlich, was ein Scheck ist. Aber der Betrag beunruhigt ihn. Auf dem Tisch liegt mehr, als er in langen Jahren *sparen* konnte. Und leicht verdient – viel zu leicht. Viel zu viel Geld für einen dummen Anzug. Und warum wollte der Mann seinen Namen nicht nennen? Auf dem Scheck hat er seinen Namen sogar schreiben müssen, denkt Knittel und sieht auf die *Unterschrift* auf dem Scheck. Es ist nicht zu lesen.

Das ist überhaupt keine Unterschrift, sieht Knittel, man kann sie überhaupt nicht lesen.

Dann kam der Gedanke: Der Scheck ist falsch! Jetzt ist

die Unterschrift ~~*H.Böhm*~~

---

zerknittert, zerdrückt
sparen, Geld zurücklegen

14

die Aktentasche

es ihm klar. Seinen schönen Anzug ist er los, und dafür hat er jetzt nichts als ein wertloses Stück Papier. Was wird Erika sagen? Der Anzug hat 87 Mark gekostet. Erika wird gar nichts sagen. So dumm ist er nun wieder nicht. Er wird ihr einfach nichts erzählen. Knittel holt den Schlafanzug, legt ihn in seine *Aktentasche* und schreibt einen Zettel für seine Frau: »Ich mußte ganz eilig zur Arbeit. Gruß Hermann.«

Knittel geht zur *Bank*. Er fühlt sich nicht wohl, mit einem

---

die Bank, da, wo das Geld aufbewahrt wird

falschen Scheck zu kommen. Es ist eine sehr feine Bank. Knittel fühlt sich ganz fremd. Er geht an den *Schalter* und fragt dann so leise er kann:

»Wenn Sie einen Augenblick Zeit haben; ich wollte nur mal hören, wie das mit dem Scheck hier ist.«

Der Herr hinter dem Schalter sagt: »Bitte, wollen Sie solange Platz nehmen?«

Knittel muß sich in einen der dicken *Sessel* setzen. Nach einiger Zeit sagt der Herr hinter dem Schalter: »Bitte«, und schiebt ihm ein Brett voller Geld hin. »Wollen Sie bitte nachzählen!«

der Schalter   der Sessel

Ein ganzes Brett voller Geld. Knittel steht davor und guckt. Er kann nicht denken. Er sieht nur, daß er Geld bekommt, einen Berg voller Geld, 10 000 Mark. Knittel steht immer noch da und bewegt sich nicht. »Ist etwas nicht in Ordnung?« fragt der Herr hinter dem Schalter.

»Doch, doch«, sagt Knittel und beginnt schnell zu zählen. Aber er kann gar nicht zählen. Er hat Angst vor dem Geld. Mit unsicheren Händen nimmt er endlich das Geld vom Brett. Er weiß nicht, wohin damit. Er steckt es in die Jackentaschen und in die Aktentasche.

Als er draußen ist, sieht er sich noch einmal um. Es kommt niemand hinter ihm her.

Es ist abends gegen zehn. In Knittels Küche ist noch Licht. Erika hat die Kinder zu Bett gebracht und einen Kuchen *gebacken*. Knittel sitzt in der Küche. Er trinkt eine Flasche Bier, die Jacke hat er ausgezogen. Dann ist Erika mit dem Kuchen fertig. »Hermann, es ist bald elf.«

Hermann hat noch keine Lust. Hermann liest Zeitung. Dann fragt Erika: »Hermann, bist du noch nicht müde?« Knittel hat keine Zeit, müde zu sein. »Geh nur schon, ich komme nach.«

Erika geht ins Schlafzimmer. Die Tür läßt sie ein Stück offen stehen. Knittel ist allein mit sich und seiner Aktentasche. Er legt sie auf den Tisch und denkt nach. Das Geld ist nicht *ehrlich*. So viel Geld kann nicht ehrlich sein. Wohin mit dem Geld? Soll er zur Polizei gehen? Aber er hat ja seinen Anzug dafür verkauft. Er hört, wie Erika ins Bett geht. Sie ist seine liebe kleine Frau. Warum hat er ihr noch nichts davon erzählt? Er wollte es den ganzen Tag tun.

»Erika?«

» — — «

»Schläfst du schon?«

»Ja, was hast du denn?«

Knittel beginnt: »Du, soll ich dir mal was erzählen? Heute morgen ist etwas Merkwürdiges geschehen. Im Zug habe ich einen Mann kennengelernt – du wirst es vielleicht nicht glauben, aber sieh selbst.«

Knittel hat die Aktentasche mit einem *Schlüssel* geöffnet.

der Schlüssel

---

gebacken, hier: gemacht
ehrlich, anständig

Dann denkt er. Was wird Erika tun, wenn sie das Geld sieht? Er weiß es genau. Sie wird sagen: »Du gehst sofort zur Polizei und gibst das Geld ab.« Das weiß er aber auch ohne Erika. Also ist es besser, Erika nichts zu sagen. Morgen will er mit dem Geld zur Polizei gehen.

Erika wartet immer noch auf die Geschichte. »Hermann, du wolltest mir doch was erzählen. Was war denn mit dem Mann?«

»– – Ach so – weiter nichts. Der hat mir seine Suppe über meinen Anzug gegossen.«

»Über den guten, blauen Anzug? Du, Hermann, wo ist der überhaupt? Den habe ich noch gar nicht gesehen.« Knittel denkt einen Augenblick nach: »Ja, siehst du, den hat dein kluger Mann sofort zur *Reinigung* gebracht. Der wird wie neu, haben sie gesagt.«

»Darum warst du den ganzen Tag auch so komisch. Komm, denk nicht daran. Komm lieber ins Bett. Ich warte jetzt noch zwei Minuten, und wenn du dann nicht kommst, dann schlafe ich schon.« Sie geht und macht die Tür zu.

Jetzt hat Knittel Ruhe. Es ist still um ihn. Er wartet ein paar Minuten, dann steht er auf, nimmt seine Aktentasche und legt sie vor sich auf den Tisch. Die ganze Tasche ist voller grüner 50-Markscheine. Er befühlt sie mit den Fingern, ob sie wirklich sind und zählt leise. Er denkt nicht mehr daran, daß hinter der Tür Erika liegt und auf ihn wartet.

Knittel sitzt in der Küche über seinem Geld und kann sich nicht von ihm trennen. Er spielt mit dem Geld und mit den Gedanken.

---

die Reinigung, dort, wo die Kleidung sauber gemacht wird

Fragen

1. Was will der Mann im Schlafanzug von Knittel?

2. Wo sind die beiden?

3. Warum will Knittel seinen Anzug nicht sofort verkaufen?

4. Was bekommt Knittel für seinen Anzug?

5. Warum erzählt Knittel Erika nichts von dem Geld?

2

Der nächste Tag fängt an wie alle anderen. Knittel hat es *eilig* und ist hungrig. Erika ist fröhlich und nicht mehr traurig. Er nimmt die *Liste* über die Gasrechnungen, die noch nicht bezahlt sind, die *Plombierzange* und seine Aktentasche unter den Arm. Sie ist dick. Scheinbar hat Hermann heute sehr viel zu tun.

So beginnt er, geht seine Straßen, seine Treppen und *klingelt* bei seinen Leuten. Er kommt zu verschiedenen Menschen – reich und arm, gut und böse. Nur, daß sie eben ihre Gasrechnung nicht bezahlt haben. Die Gründe sind verschieden, die Folge ist überall die gleiche: *nix* Geld – nix Gas.

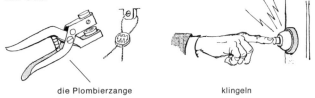

die Plombierzange   klingeln

Auch in besseren Häusern, mit großen Türen und *Teppichen* auf den Treppen hat Knittel zu tun. Oft muß Knittel hohe Treppen steigen, hinauf zu den kleinen Zimmern, wo die armen Leute wohnen. Hier wohnt ein Klavierspieler. Knittel braucht nichts zu sagen, er gibt dem Spieler den Zettel. Er hat aber kein Geld, und Knittel muß *sperren*. Er kann es nicht, es ist schon gesperrt vom letztenmal. »Und es bleibt auch gesperrt«, sagt der graue

---

eilig, schnell
die Liste, die Aufstellung
nix, kein
sperren, hier: es jemandem unmöglich machen, Gas zu verbrennen

Der Schneider bügelt mit dem Bügeleisen.

Mann. »Ich brauche auch kein Gas mehr. Ich gehe früh zu Bett und lebe von Milch.« Manchmal muß er in die Tiefe steigen. Da wohnt ein *Schneider*. Hier ist Knittel bekannt.

der Teppich

Ein kleines Mädchen gibt ihm die Hand. Aber er muß es tun, er muß sperren. Drei Rechnungen sind nicht bezahlt.

»Wie ist das, Herr Kaschunke, haben wir es heute, oder geht es immer noch nicht?«

»Tun Sie, was Sie müssen«, sagt der Schneider und *bügelt* weiter mit dem *Bügeleisen*. Knittel sieht auf das Bügeleisen.

»Ja, Mann, wenn ich aber jetzt sperren muß –«

»Weiß ich, dann kann ich nicht mehr arbeiten.«

»Kennen Sie denn niemand, von dem Sie Geld bekommen können?«

»Nein, wer gibt mir schon Geld? Lassen Sie mich wenigstens die Hose fertig machen.«

Knittel steht traurig daneben und bringt es nicht übers Herz. Er denkt nach und fühlt unter seinem Arm die Aktentasche. Hier ist das Geld. Und da ist ein Mensch, dem zum Leben noch 27 Mark fehlen. Er zieht vorsichtig einen Schein aus seiner Tasche. »Ich kann Ihnen für ein paar Tage helfen. Nehmen Sie die 50 Mark ganz, ich muß sie auch ganz zurückbekommen.«

Der Schneider nimmt das Geld. Er ist weder froh noch sonst etwas. Er sagt nicht einmal danke.

Als Knittel die Treppen wieder hinaufsteigt, weiß er nicht, ob er etwas Gutes getan hat oder etwas Schlechtes. Mit 10 000 Mark unter dem Arm – es sind noch 9 950 – sieht die Welt ganz anders aus als mit 5 Mark Taschengeld. Knittel ist mit seiner Arbeit fertig und geht langsam nach Hause. Er sieht jetzt Dinge, die er früher nicht gesehen hat. Wieder greift seine Hand in die Aktentasche und nimmt einen 50-Markschein, den er schnell in seine eigene Tasche steckt. Ihm ist ein Gedanke gekommen: Diese 50

---

bügeln, das Bügeleisen, siehe Zeichnung auf Seite 21

Mark will er in einer Nacht gebrauchen. Er will endlich wissen, wie es ist, reich zu sein. Eine Nacht will er leben, mit dem Geld um sich werfen und nicht rechnen und nicht zählen. Die ganzen 50 Mark brauchen.

Am Abend um sechs erzählt er Erika, daß er noch arbeiten muß, und um halb sieben geht er fort und fährt mit der *Straßenbahn* in den Westen. Für den richtigen Berliner

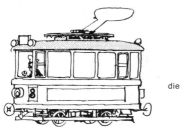

die Straßenbahn

ist der Westen eine fremde Stadt. Er kommt selten dorthin, höchstens, wenn er Besuch hat und Berlin zeigen will. Knittel ist hier unbekannt und sicher vor Freunden, die fragen würden: »Was machst du hier?« Das ist es gerade, was Knittel sucht. Hier ist er ein freier Mann. Hier kann er tun, was er will. Leider weiß er nicht, wie man das macht. Er ist auch zu früh gekommen, es ist erst kurz vor sieben. Für diese Gegend ist es noch Nachmittag. Knittel fühlt sich allein. Er geht sonst nicht ohne Erika aus. Er geht durch die menschenleeren Straßen. Er weiß nicht wohin. Um halb neun nimmt er wieder die Straßenbahn nach Hause.

Eines Mittags bei Tisch hat Knittel eine *Neuigkeit* für Erika. »Weißt du, wen ich heute getroffen habe? Kannst du auch nicht wissen, ist ein alter Schulfreund von mir, netter Mensch; der wohnt draußen im Westen.«

---

die Neuigkeit, etwas Neues

»Dann bring ihn doch mal mit«, meint Erika.

»Nein, das gerade nicht. Aber der hat eine Art *Reisebüro*, und da könnte ich für ihn *Adressen* schreiben, so abends, weißt du, wo ich nichts zu tun habe.«

das Reisebüro

»Du bist doch nicht verrückt!«

»Aber Erika, das wird bezahlt. Du glaubst gar nicht, wie gut das bezahlt wird!«

Erika hört auf zu essen: »Was kriegst du denn dafür?«

»Weiß ich noch nicht. Zehn Mark vielleicht – «

»Den ganzen Monat?«

»Oder auch hundert, je nachdem. Aber ich glaube nicht, daß ich das mache.«

»Wieso denn, das ist doch endlich mal eine gute Idee. So etwas hättest du längst machen sollen. Das tun andre doch auch für ihre Familie. Und dann kriege ich auch mehr Geld, wenn du wüßtest, wie überhaupt meine Schuhe aussehen!«

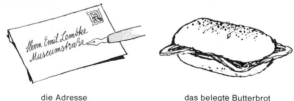

die Adresse   das belegte Butterbrot

Knittel bremst ein bißchen ab: »Erstens ist das kein reines Vergnügen, wenn man abends nicht zu Hause ist – «

»Ja wie, kannst du denn nicht zu Hause arbeiten?«

»Nein, nein, das geht nicht. Das ist doch klar, daß das nicht geht. Und zweitens, liebe Erika, du wirst abends viel allein sein.«

Erika sagt: »Das macht nichts. Sei froh, daß du eine so gute Arbeit bekommen kannst.«

Aber je mehr Erika redet, je mehr redet Knittel dagegen. Endlich sagt er: »Ja, also, wenn du es willst. Aber nicht, daß du nachher böse wirst!«

Erika freut sich, daß es ihr so schnell gelungen ist; sie ist eine kluge Frau.

Leider zeigt sich Knittels Angst begründet. Das Adressenschreiben ist schwere Arbeit und kostet viel Zeit. Knittel muß jeden zweiten Abend weg. Es wird immer sehr spät und manchmal noch später, und er bekommt wenig Schlaf und ist am nächsten Tag sehr müde. Erika denkt: Wie gut er ist, daß er so schwer für seine Familie arbeitet. Er sieht wirklich überarbeitet aus. Sie sagt es ihm aber nicht. Dafür ist sie besonders lieb zu ihm. Er bekommt morgens ein Ei und mittags ein gutes Essen – jetzt bekommt Erika ja mehr Geld. Und jeden Abend, wenn er schreiben geht, gibt sie ihm zwei schöne *belegte Butterbrote* mit. Aber meistens hat er keine Zeit, sie zu essen und bringt sie wieder mit. Was Erika aber weniger versteht, ist, daß er sich zum Adressenschreiben jedesmal frisch *rasiert*, reine Strümpfe anzieht und zweimal in der Woche badet. Knittel erzählt ihr: »Gerade, wenn man so eine einfache Arbeit hat, muß man gepflegt sein und gut aussehen, sonst glauben die Leute, man hat es nötig zu arbeiten.«

---

rasieren, siehe Zeichnung auf Seite 26

In der Tat scheint er hübsch zu verdienen. Er spricht nicht viel darüber, aber jede Nacht, wenn er leise ins Bett geht, legt er auf Erikas Nachttisch ein 5-Markstück. Manchmal ist er aber weniger leise. Und als er eine Nacht nach Hause kommt, hat er zuviel getrunken. Erika stellt viele Fragen. Knittel will aber gar nichts sagen, besonders nicht über seinen Adressenfreund im Westen. Erika wird böse. Knittel wird laut. Männer sind am lautesten, wenn sie allen Grund haben, ruhig zu sein. Aber Erika weiß das noch nicht. Aber als Knittel sagt, er will mit der Arbeit aufhören, wird sie still. Wenn ein Mann nach schwerer Arbeit noch ein Glas trinkt oder zwei, kann man das verstehen. Sie zieht ihren Knittel aus und legt ihn ins Bett. Er schläft schnell ein. Erika sieht sich sein Gesicht genau an. Sie versteht nicht viel davon, aber es sieht nicht nach geschriebenen Adressen aus. Und im Zimmer spürt sie etwas Fremdes. Es riecht nach irgendetwas, das sie nicht kennt.

rasieren

Sie versucht sich zu beruhigen. Wenn er nicht arbeiten würde, dann könnte er kein Geld nach Hause bringen. Auf dem Stuhl liegen seine Kleider. Sie hat es noch nie getan, aber diesmal guckt sie in seine Taschen. Sie hat gar nicht gewußt, wieviele Taschen so ein Mann hat. Sie zählt 13 Stück. Und was da alles darin ist. Etwas paßt aber nicht zu den anderen Sachen: Eine *Schachtel Pralinen*, die leider leer

die Schachtel Pralinen

ist, ein Stück Papier, auf dem steht: »1000 Mark, nach Erhalt sofort zu zählen.« In der Hose findet sie eine *Streichholzschachtel*, auf der »*Kempinski Bar*« steht und einen *Damenhandschuh*.

die Bar

die Streichholzschachtel, *der Handschuh*, siehe Zeichnungen auf Seite 28

Fragen

1. Welchen Beruf hat Knittel?

2. Wie hilft er dem Schneider?

3. Was macht er eines Abends?

4. Was erzählt er Erika von seiner neuen Arbeit?

5. Was findet Erika in Knittels Taschen?

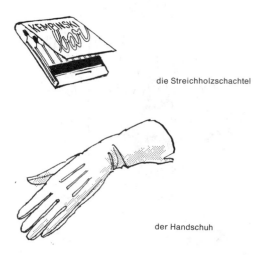

die Streichholzschachtel

der Handschuh

das Beerdigungsinstitut

Nachdem Erika all dies gefunden hatte, hätte sie ein gutes
Recht darauf, ihrem Mann mal richtig die Meinung zu
sagen. Sie tut es nicht. Sie weiß, dann hat ihr Mann seiner-
seits auch eine Meinung, die anders ist. Sie weiß genau,
gegen Knittel kann sie nichts machen. Darauf will sie es
nicht ankommen lassen. Sie tut, was man immer tut, wenn
man nicht weiter weiß. Sie wendet sich an Onkel Alfred.
Onkel Alfred ist Erikas Bruder. Er hat ein *Beerdigungsinstitut*. Wegen seines traurigen Berufes hat er zwei Sprech-
weisen: Eine dunkle für die *Kunden* und eine helle für seine
Familie und seine Freunde. Als Erika zu ihm kommt, zeigt
er gerade einer Trauerfamilie verschiedene *Särge*. Er

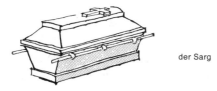

der Sarg

---

der Kunde, einer, der etwas kauft

spricht zu den Kunden mit seiner dunklen Stimme: »Wie lang war der liebe Tote, wenn ich fragen darf?« und wendet sich seiner Schwester auf der anderen Seite zu und sagt mit seiner hellen Stimme, daß er mit Knittel sprechen will.

Am Abend also will Onkel Alfred mit Knittel sprechen. Nicht zu Hause, sondern nach Männerart in der *Kneipe*. Knittel fühlt sich nicht wohl. Und als Onkel Alfred mit seiner dunklen Trauerstimme zu sprechen anfängt, sagt Knittel: »Ich weiß nicht, das Bier schmeckt mir nicht bei dem Wetter, wollen wir irgendwo eine Flasche Wein trinken?« Alfred hat nichts gegen Wein, besonders nicht, wenn andere ihn bezahlen. Sie gehen Wein trinken.

die Kneipe

Als Onkel Alfred wieder reden will, sagt Knittel, daß es ihm hier zu leise ist, er kennt eine lustige Kneipe.

Onkel Alfred sagt nicht nein. In der lustigen Bar sind lustige Damen, zwei von ihnen setzen sich ungefragt an Knittels Tisch und bestellen Wein. Sie scheinen Knittel zu kennen und sagen zu ihm: »Herr *Direktor*«, besonders die junge schöne, die immer wieder »Direktor« Knittel um

---

der Direktor, der Leiter

den Hals fällt. Onkel Alfred sieht sich die ganze Zeit
Knittel an und besonders die junge Dame. Onkel Alfred
sagt: »Komm mal mit raus, Hermann, ich muß dir etwas
sagen.«

Draußen sagt Onkel Alfred mit seiner tiefen Trauerstimme: »Hör mal zu, Hermann, kannst du mir zwanzig
Mark geben?« »20 Mark habe ich nicht«, sagt Knittel und
nimmt aus der Tasche 50 Mark.

Wenige Minuten später sieht Knittel, daß Onkel Alfred gegangen ist. Auch Knittels Dame, die schöne, ist verschwunden und kommt nicht mehr wieder. Knittel bleibt zurück mit der anderen Dame, die er auch sehr gut zu kennen scheint.

In den nächsten Tagen hat Onkel Alfred viel zu tun und für Erika keine Zeit. Und als sie ihn endlich sieht, sagt er, er habe Knittel stundenlang ausgefragt bis in die tiefe Nacht, aber Knittel hat nichts gesagt. »Nun sag schon, hat er was mit Mädchen?«

Onkel Alfred weiß von nichts. Das scheint Erika ein bißchen viel. Sie kann den Handschuh in Knittels Tasche nicht vergessen. Wenn es auch nur einer ist. Sie geht zu ihrer Freundin und fragt, was sie machen soll. Die Freundin meint, Erika solle *vegetarisch* kochen, denn wenn er kein Fleisch mehr ißt, wird er auch keine Lust an anderen Frauen mehr haben. Was wird Knittel dazu sagen?

Erika fängt an, vegetarisch zu kochen. Knittel scheint es nicht zu merken, nicht am ersten Tage und auch nicht an den folgenden. Oder tut wenigstens so und sagt kein Wort. Erika sagt auch nichts. Knittel ißt sein Fleisch im Restaurant. Er hat Geld, und dafür kann er sich kaufen, was er will. Erika sieht, daß das vegetarische Essen nichts hilft, denn Knittel kommt immer seltener nach Hause. Und wenn er kommt, reden sie nicht mehr miteinander.

---

vegetarisch, pflanzlich

Fragen

1. Warum geht Erika zu Onkel Alfred?

2. Welchen Beruf hat Onkel Alfred?

3. Wo treffen sich Knittel und Onkel Alfred?

4. Was geschieht an diesem Abend?

5. Warum fängt Erika an, vegetarisch zu kochen?

6. Warum kommt Knittel kaum noch nach Hause?

4

die Kassette

die Wanne

die Platte

das Koffergrammophon

Bei Erika in der Küche ist Samstag.

Samstags werden die Kinder gebadet. Auf zwei Küchenstühle ist eine *Wanne* gestellt. Die kleine Lotte sitzt im Wasser; der Junge ist schon fertig und läuft naß in der Küche herum. Erika selbst ist nasser als die Kinder.

Plötzlich klingelt es; es kommt ein großes *Paket* mit der Post. Als Erika es auspackt, sieht sie, daß es zwei sind. Eine kleine *Kassette* und ein *Koffergrammophon.* Der Mann von der Post sagt: »Es ist von Herrn Knittel.« »Wenn er glaubt, daß alles wieder gut ist, wenn er mit seinen dummen Geschenken kommt«, denkt Erika. »Nicht drangehen, Junge.«

Jetzt weiß der Junge, daß es sich *lohnt.* Und während Erika die kleine Lotte badet, hört sie plötzlich eine Stimme hinter sich, und zwar ist es Knittels Stimme. Der Junge hat eine *Platte* auf das Grammophon gelegt. »Liebe Erika, meine lieben Kinder! Leider kann ich nur auf diesem Wege zu euch sprechen, aber hier müßt ihr mich ausreden lassen. Ich hätte – «

Der ist wohl verrückt. Erika macht das Grammophon aus. Aber dann macht sie es doch wieder an.

»–auch einen Brief schreiben können. Und nun–«

»Der Vater!« rufen die Kinder und stehen mit offenem Munde. Erika macht »scht« und hört weiter zu.

» – liebe Erika, werde ich dir erzählen, daß ich mit meinem jetzigen Leben Schluß mache. Ich kann dir sagen, daß es nicht besonders lustig war, so zu leben. Ich weiß nicht, was jetzt werden soll. Aber in der Kassette ist Geld,

das Paket

---

lohnen, hier: Spaß machen

das wird wohl fürs erste reichen. Lebt wohl, euer Vater!«

Die Platte ist scheinbar zu Ende. Erika steht und rührt sich nicht. Dann kommt die Stimme wieder.

»Liebe Erika, wenn du aber meinst, wir könnten es noch einmal miteinander versuchen, dann mache ein Zeichen. Es soll darin bestehen, daß du im Schlafzimmer die *Gardine* zur Seite ziehst. Hörst du Erika?«

die Gardine

»Mutti, wo ist denn der Pappa?« schreit Lotte. Erika geht ins Schlafzimmer, guckt durch die Gardine hinunter auf die Straße. Tief unten steht Knittel. Knittel hat richtig gerechnet. Erika weiß nicht, was sie tun soll. Lachen über Knittel oder traurig sein über ihr Unglück. Sie weiß nur das eine. Mag der stehen, das tut ihm gut! Aber nach einer Viertelstunde bekommt sie ein bißchen Angst. Sie zieht die Gardine zurück.

Erika merkt, sie hat zu schnell gezogen. Sie hat noch · nicht daran gedacht, was sie ihm sagen wird. Am liebsten gar nichts. Und wie sieht es in der Küche aus. Und wie sieht sie selbst aus. Sie steigt schnell aus den nassen Kleidern und macht sich so schön wie möglich. Als sie in die Küche tritt, ist Knittel aber schon da. Jetzt kommt er nicht zu ihr, sondern sie zu ihm. Sie fängt böse an: »Was willst du?«

Knittel versucht zu lächeln. Es geht aber nicht so richtig.

»Ich glaube, jemand hat die Gardine zurückgezogen.«
»Und was hättest du getan, wenn ich nicht gezogen hätte?« »Dasselbe.« Erika holt die Streichholzschachtel.
»Wo ist das her?« Sie zeigt ihm die Streichholzschachtel.
»Steht doch drauf, von Kempinski.« »So, und wie kommst du an den Handschuh?« Knittel nimmt seine ganze Unschuld zusammen, »wieso Handschuh?« Aber als Erika nicht aufhört, sondern fragt und fragt und alles genau wissen will, wann und wo und mit wem und warum, sagt Knittel, um Erika zur Ruhe zu bringen: »Gut, daß ich daran denke, hast du schon gesehen, liebe Erika, was ich dir mitgebracht habe?« Er öffnet die Kassette und hält sie unter Erikas böses Gesicht.

Erika will nicht. Sie sieht weg. »Wenn du glaubst, mit so einem bißchen Geld ist alles wieder gut? Was soll ich damit? Ich will kein Geld, das ist doch gleich wieder *alle*.« Immerhin, Geld ist doch Geld. Sie guckt doch hin. Ihre Augen werden groß. Das ist nicht das, was sie unter Geld versteht. Es ist ein *Vermögen*.

Erika steht totenstill. Sie ist klein und still und fragt nichts mehr und sagt nichts mehr. Sie fragt auch nicht: »Wo hast du das her?« Sie sagt leise: »Bist du verrückt?«

Knittel nimmt eine Flasche Wein aus der Aktentasche und holt zwei Gläser. Er weiß, was Frauen mögen. Sie trinken Wein, und Erika hat gar keine Zeit nachzudenken. Aber endlich sagt sie: »Hermann, jetzt will ich aber wissen, wie kommst du an das viele Geld?« Jetzt muß Knittel mit der Wahrheit heraus. Er erzählt seine Geschichte von dem Scheck und dem Schlafanzug und dem Herrn in dem Schlaf-

---

alle, zu Ende
das Vermögen, sehr viel Geld

wagen. Er erzählt wie ein Kind. Er weiß, was er zu erwarten hat. Er kennt seine Frau. »Hermann«, wird sie sagen, »Hermann, was hast du getan? Hermann, du bringst das sofort zur Polizei.«

Kein Mann kennt seine Frau. Erika hört sich die Sache ruhig an. Sie ist sich nicht klar darüber, was sie denken soll. »Hermann, sag doch mal richtig, wo hast du das Geld her? Kannst mir ruhig sagen, ich bin doch deine Frau.« »Habe ich doch gesagt.«

Erika hat nicht gern, daß man glaubt, daß sie dumm ist. »Hermann, ist das gestohlen – oder von einer Frau?«

Knittel sagt Nein.

»Also Arbeit? Dann will ich dich nicht mehr fragen, da verstehe ich doch nichts davon. Du, wie lange hast du das schon? Ich meine, das Geld? Ich weiß ja nicht, wie du das gemacht hast, aber ich freue mich so.« Sie hängt an seinem Hals.

»Hermann, hör mal, bekomme ich auch was davon? Ich meine, von dem Geld?«

»Wir wollen mal sehen, was sich machen läßt.«

»Viel?«

»Wenn du lieb bist.«

»Wenn ich aber sehr lieb bin, sehr, sehr, sehr, was kriege ich dann?«

Knittel: »Alles!«

»Das ist auch viel besser so«, meint Erika, »und da kann ich damit machen, was ich will?«

»Natürlich«, sagt Knittel. Er will den schönen Abend nicht kaputt machen, *obwohl* er noch etwas dazu sagen möchte.

»Du, die Hasselmanns oben haben sich einen *Kühl-*

---

obwohl, trotzdem

38

der Kühlschrank

schrank gekauft, weißt du, was der kostet?« Knittel hört nicht richtig zu. Er freut sich nur, daß Erika nicht böse ist.

»Und einen *Pelzmantel* möchte ich haben und ein *Klavier*.

»Erika, ich will noch was dazu sagen. Ich möchte nicht, daß die Leute – «

»Was für Leute?«

»Ach, wir reden morgen darüber. Jetzt gehen wir ins Bett.«

Als Knittel am nächsten Tag von der Arbeit nach Hause kommt, bringt er ein Stück Papier voller Zahlen.

»Erika, ich weiß jetzt, wie wir das machen, ohne daß die Leute etwas merken. Wir haben in Berlin 14 Banken, da tun wir überall ein bißchen hin.«

»Wieso, das ist doch mein Geld, du hast es mir gegeben, oder nicht, und damit kann ich – «

der Pelzmantel   das Klavier

Knittel sagt: »Ich habe dir gestern schon gesagt, daß ich nicht will, daß andere Leute etwas davon wissen. Natürlich kannst du machen, was du willst. Ich will nur nicht, daß du es brauchst.«

»Wie, was, wenn ich das Geld nicht brauchen darf, was habe ich dann davon?«

»Auf jeden Fall wünsche ich nicht, daß die Leute etwas merken und anfangen, über uns zu reden.«

»Wenn es niemand sieht, dann macht mir aber das ganze Geld keinen Spaß.«

»Liebe Erika, von Spaß ist hier nicht die Rede. – Aber was ist denn das für Musik...?«

Er öffnet die Tür zum Wohnzimmer und sieht ein Klavier. Groß und schwarz und neu. Und vor dem Klavier stehen Lotte und der Junge und spielen.

»Hast du das gekauft?«

»Ja, sicher, das ist für die Kinder. Auch der Kühlschrank ist für dich, damit du dein Bier kalt hast, und hier auf den kleinen Tisch kommt das Telefon. Der Teppich kommt morgen. Was machst du für ein Gesicht, ist auch alles schon bezahlt, Hermann. Mit dem Geld kann ich machen, was ich will, hast du eben noch gesagt, und die Leute brauchen das auch gar nicht zu merken!«

Jetzt wird Knittel *rasend*. Er macht aber erst das Küchenfenster zu, damit die Leute es nicht hören, wenn er anfängt zu schreien.

Aber er tut es nicht. »Du weißt schon, was ich sagen will. Aber von mir aus, macht nur so weiter, ihr werdet schon sehen! Macht nur so weiter!«

Erika sieht alles ein, was Knittel gesagt und was er nicht gesagt hat. Wer so viel Geld verdient, hat auch etwas zu

---

rasend, sehr böse

sagen. Hermann ist ein kluger Mann, und sie will es bestimmt nicht wieder tun. Sie braucht nur noch ein paar Sachen für die Kinder.

Knittel bringt es nicht übers Herz, nein zu sagen. Langsam wird das Geld in der Kassette weniger.

Aber es ist schön, wenn man essen und trinken kann, was man möchte. Erika kocht auch nicht mehr vegetarisch, und Knittel wird rund und lustig.

Die Leute fangen aber doch zu reden an. Sie sehen bei Knittels die neuen Gardinen, die neuen Kleider, und vor Knittels Tür riecht es mitten in der Woche nach Fleisch. Und seine Familie, die er seit Jahren nicht mehr gesehen hat, besucht ihn. Alte Schulfreunde trifft er überall. Es muß eine sehr große Schule gewesen sein. Er bekommt jetzt auch viel Post, besonders *Drucksachen*. Arme Leute bekommen keine, aber die Leute wissen scheinbar, daß Knittel jetzt auch kaufen kann.

---

die Drucksache, eine billige, offene Postsendung

Fragen

1. Was bekommt Erika am Samstag?

2. Was ist im Paket?

3. Was macht der Junge mit dem Grammophon?

4. Was sagt Knittel auf der Platte?

5. Welches Zeichen soll Erika geben?

6. Was hat Knittel alles mitgebracht?

7. Was ist in der Kassette?

8. Was möchte Erika alles kaufen?

9. Was denken die Leute über Knittels?

5

Und eines schönen Morgens findet Knittel unter seiner großen Post einen gelben Brief. Er ist vom *Finanzamt*. Er muß morgen zum Finanzamt. Knittel findet es nicht weiter schlimm, denn es ist nur ein Zeichen dafür, daß er zu den besseren Leuten zählt.

Als Knittel zum Finanzamt kommt und vor dem Zimmer steht, ist schon jemand darin. Beim Finanzamt ist immer jemand darin. Knittel geht vor der Tür auf und ab und denkt nach, was sie von ihm wollen. Nach einer Stunde darf er hinein. Es kommt aber niemand heraus. Es war nur der *Beamte* vom Zimmer nebenan, der sich mit seinem Kollegen über die Pflege von Rosen im Garten unterhalten hat.

Der Beamte hat ein freundliches Gesicht. Finanzbeamte haben das immer, wahrscheinlich muß man das beim Finanzamt haben.

»Nett, daß Sie mal kommen, Herr Knittel, Sie sind ja auch Beamter.« Plötzlich die Frage: »Was verdienen Sie, Herr Knittel?«

»Zweihundertsechsundachtzig Mark vierzehn.«

»Und was haben Sie nebenher?«

»Was soll ich nebenher haben?«

»Sie leben auf großem Fuß, Herr Knittel.« Knittel fragt zurück: »Von zweihundertsechsundachtzig Mark vierzehn?«

»Eben!« Der Finanzbeamte sucht in seinen Papieren. »Sie haben sich ein schwarzes Klavier gekauft, sind zweiter

---

das Finanzamt, das Amt für öffentliche Gelder
der Beamte, der Arbeiter an einem Amt

Klasse nach *Wannsee* gefahren. Und ein Telefon haben Sie auch. Sie haben noch einen *Nebenverdienst*.«

»Wenn Sie meinen, daß ich vielleicht etwas zu zahlen hätte?«

»Ja, *Einkommensteuer*.«

Knittel hält sich am Stuhl fest: »Wieso Einkommen – wenn ich das Geld aber nur *geerbt* habe?«

»Da müssen Sie auch Steuer bezahlen, allerdings mehr. Bitte, von wem haben Sie geerbt?«

Knittel fühlt sich nicht wohl, er versucht zu lachen. »Also, Spaß beiseite, Sie haben einen Nebenverdienst, sehr gut, Sie müssen aber Steuer bezahlen.« Knittel bekommt einen *Fragebogen* in die Hand. Nach einer Woche muß er mit dem Fragebogen wieder kommen. Knittel hat Angst vor dem Papier mit den vielen Fragen. Er weiß nicht, was er schreiben soll.

Und während Knittel tagelang mit dickem Gesicht zu Hause sitzt und den Fragebogen anguckt, gehen seine Papiere vom Finanzamt an das Gaswerk. Ob sie dort über den Nebenverdienst des Herrn Knittel etwas wissen.

Die Leute vom Gaswerk stört es nicht, daß das Finanzamt nicht seine Steuern bekommt, aber es stört sie, daß Knittel sie nicht gefragt hat, ob er einen Nebenverdienst haben darf.

Der Direktor vom Gaswerk hat einen runden Kopf. Gegen Knittel hat er nichts. Aber wenn ein kleiner Beamter wie Knittel sich den gleichen Anzug kauft, wie er selbst hat, dann wird er sauer, denn so etwas darf nicht sein. Der Di-

---

der Wannsee, ein Stadtteil in Berlin

der Nebenverdienst, das, was man außerdem noch verdient

die Einkommensteuer, nach dem Verdienst bestimmtes Geld an das Finanzamt

erben, etwas von einem Toten bekommen

der Fragebogen, ein Stück Papier mit vielen Fragen

rektor fängt von hinten an: »Herr Knittel, wir verstehen nicht, daß Sie in diesem Jahr noch nicht um eine *Unterstützung* gebeten haben.«

»Ach so, daran habe ich noch gar nicht gedacht, aber wenn Sie meinen – – «

»Vielleicht liegt es daran, daß es Ihnen in diesem Jahr besser geht.«

»Oh, ja, danke.«

»Sie kaufen sich sogar Sachen, die Beamte, die das gleiche wie Sie verdienen, nicht kaufen können.«

Knittel sieht, daß auf dem Tisch ein Brief vom Finanzamt liegt. Er weiß jetzt, was der Direktor von ihm will.

»Herr Direktor, ich wollte schon immer mit Ihnen darüber reden, ob ich einen kleinen Nebenverdienst haben darf.«

Der Direktor hat keinen Nebenverdienst, er muß von seinem Verdienst leben. »Sagen Sie, Herr Knittel, da verdienen Sie aber viel Geld.«

Knittel sagt: »Ja.«

»Dann brauchen Sie aber für Ihren Nebenverdienst sehr viel Zeit.«

»Nein, nein, nicht der Rede wert«, sagt Knittel schnell.

»Scheint ja ein komischer Nebenverdienst zu sein«, meint der Direktor, »viel Geld und wenig Arbeit, so was möchte ich auch gern. – Was ist denn das überhaupt?« Jetzt muß Knittel aufpassen. Er denkt schnell nach. Er muß hier dasselbe sagen wie auf dem Fragebogen vom Finanzamt, aber er weiß nicht mehr genau, was er geschrieben hat. Er hat an so viele Berufe gedacht. Dann sagt er: »Herr Direktor, ich möchte es gern schriftlich machen.«

Der Direktor hält nicht viel von dem, was zu Hause ge-

---

die Unterstützung, geldliche Hilfe

schrieben wird. Er reicht ihm ein Stück Papier und einen Bleistift. »Wenn Sie schreiben wollen, dann schreiben Sie.«

Knittel fühlt sich nicht wohl. Er kann nicht nachdenken, wenn der Direktor neben ihm steht und schreiben erst gar nicht. »Herr Direktor – – «

»Bitte?«

»Ich muß Ihnen etwas sagen. Ich habe gar keinen Nebenverdienst, ich habe bloß so gesagt. Ich habe das Geld woanders her, es ist eine lange Geschichte, und ich weiß nicht, ob Sie mir das überhaupt glauben werden, ich habe es auch noch keinem Menschen erzählt.«

»Ich kann es mir schon denken. – Jaja, das alte Lied!«

Knittel fragt: »Wieso?«

Er bekommt keine Antwort. Der Direktor sagt nur: »Sie können gehen.« Knittel will noch etwas sagen. Der Direktor wiederholt: »Sie können jetzt gehen!« Und nimmt das Telefon. Als Knittel durch das nächste Zimmer kommt, tritt jemand auf ihn zu und nimmt ihm die Aktentasche ab.

Revision.

Knittel muß lachen. Revision? Da kann ihm nichts passieren. Man wird sogar sehen, daß mehr Geld darin ist, als sein soll, weil er immer wieder den Leuten mit den Gasrechnungen geholfen hat.

Gerade das versteht man im Gaswerk nicht. Das hat man noch nicht gehabt; man weiß nur, daß es nicht in Ordnung ist. Wie kommt er an das Geld. Und warum sagt er nicht die Wahrheit?

Das Gaswerk weiß nicht, was es tun soll. Deswegen schicken sie die Papiere weiter an die Polizei.

Eines Morgens gegen sieben, als Erika den Kaffee macht und Knittel noch im Schlafzimmer ist, glaubt er, in der

---

die Revision, die Prüfung

Küche eine Männerstimme zu hören. Übrigens sind es zwei, und Erika redet sehr laut.

Da vergißt Knittel, daß er in Hemd und Hose steht und kommt in die Küche. Er findet zwei Herren. Sie sehen nach Polizei aus.

»Meine Herren, wenn es so früh klingelt, dann weiß man ja, daß es nicht die Post ist. Womit kann ich helfen?«

Erika ruft: »Denk mal, Hermann, die wollen hier alles nachsehen, wir hätten Geld im Haus!«

»Warum hast du mich nicht gerufen?«

»Die wollten das nicht, die wollten mich erst mal allein haben.«

Die beiden Herren wenden sich an Knittel und nehmen ihn zwischen sich. »Sie wollen also sagen, daß Sie kein Geld haben?«

»Ein Beamter und am 27. ...«, sagt Erika.

»Ich sage ja gar nichts dagegen.« Knittel sieht, daß es keinen Zweck hat und holt aus dem Küchenschrank die Kassette.

»Meine Frau weiß nichts von dem Geld.« Aber als er öffnen soll, sagt er unsicher: »Erika, gib doch mal den Schlüssel!«

Die Beamten schauen sich den Inhalt an und zählen das Geld.

»Wieviel haben Sie davon verbraucht?«

»Fast nichts.«

»So, und was ist das? Und das? Und das?« Sie holen leere *Banderolenstreifen* hervor, einen nach dem anderen, halten sie Knittel unter die Augen und rechnen.

»Das ist ja ein Ding. Wo haben Sie das her?«

der Banderolenstreifen

»Darauf gebe ich keine Antwort.«

»Wir möchten doch nur wissen, wem das Geld gehört. Dafür sind wir Polizei.«

»An meinem Gelde ist nichts Polizeiliches daran.«

»Das wollen wir Ihnen gern glauben, aber das müssen Sie uns erst einmal *beweisen*.«

»Ich muß gar nichts. Geld zu haben ist kein *Verbrechen*, und Sie wären froh, wenn Sie selber welches hätten. Und wenn Sie meinen, daß bei mir was nicht stimmt, dann müssen Sie mir beweisen, was, wie und wo.«

»Sie müssen uns verstehen. Sie werden das Geld nicht gestohlen haben, Sie sind nicht der Mann dazu. Sie haben es auch nicht vom Gaswerk genommen, das haben wir schon untersucht. Gefunden haben Sie es auch nicht, dann hätte sich jemand gemeldet. Also haben Sie es von jemand bekommen, den Sie nicht nennen wollen.«

»Schön«, sagt Knittel, »wenn Sie das denken, mir soll es recht sein.«

»So viel Geld bekommt man natürlich nicht umsonst. Sie haben etwas für den Mann getan, nicht wahr?«

Knittel merkt nichts. »Nun ja, man tut, was man kann.«

»Sehen Sie, besonders wo Sie Beamter sind und manches wissen, was andere Länder gern wissen möchten.«

»*Spionage*?« Knittel weiß, was das bedeutet. »Ach Mensch, was kann man schon von mir zu wissen bekommen?« Erika hat Angst. »Hermann, erzähl denen doch die Geschichte von dem Mann mit dem Scheck!«

»Ich bin doch nicht verrückt«, *flüstert* Knittel zurück. »Dann laufen die zu Bank und kriegen raus, wer der Mann

---

beweisen, glaubhaft machen
das Verbrechen, etwas Böses tun
die Spionage, geheime Nachrichten an andere Länder
flüstern, leise sprechen

ist. Wer weiß, was der gemacht hat, und ich sitze mit drin. Außerdem kann ich das immer noch tun.«

Erika steht mit großen Augen. »Wie, ist das denn richtig wahr?«

Die Polizei schaut überall im Hause nach. Jedes Ding wird wichtig. Die Herren haben ein Stück Papier gefunden.

»Wollen Sie uns bitte sagen, was das ist?«

»Da habe ich meine Rechnungen darauf zusammengezählt.«

»So, und was bedeuten diese komischen *Striche*?«

»Das sehen Sie doch, hat mein kleiner Junge gemacht. Aber wenn Sie es nicht glauben« – – Knittel wartet nicht auf die Antwort, er ruft seinen Jungen. »Sieh mal, Helmut, das hast du doch gemalt?«

Der Junge sieht ernste Gesichter. Helmut weiß, Vaters Papiere darf er nicht berühren. Helmut sagt lieber »nein« und bleibt dabei.

Die Herren nehmen das Papier mit und auch die Kassette mit dem Geld. Knittel weiß nicht, was er darüber denken soll. Er läuft hinter ihnen her. Was ist denn nur, muß er mit oder ist alles in Ordnung, und was wird mit dem Geld? Aber die Herren ziehen ihre Mäntel an, nehmen ihre Aktentaschen unter den Arm und gehen, ohne die Tür hinter sich zuzumachen.

Schon nach wenigen Tagen fühlt Knittel, wie sich eine Mauer um ihn legt. Die Leute im Haus sehen schief an ihm vorbei und reden nicht mehr mit ihm. Die plötzlich so groß gewordene Familie kommt ihn nicht mehr besuchen. Die vielen Schulfreunde scheinen plötzlich sehr wenige zu sein, und sogar Onkel Alfred hat sehr viel zu tun und kommt nur noch, wenn es dunkel ist.

---

der Strich, die Linie

Fragen

1. Warum muß Knittel auf das Finanzamt?

2. Was geschieht auf dem Finanzamt?

3. Warum muß Knittel zum Direktor vom Gaswerk?

4. Was will die Polizei bei Knittel?

5. Was denken die Leute jetzt über Knittel?

6

Eines schönen Tages bekommt Knittel eine Idee. Er wird der Polizei sagen, er habe das Geld im Zug gefunden, im Waschraum.

Knittel läuft mit dieser Idee sofort zur Polizei.

»Meine Herren, der Klügere gibt nach. Wenn Sie tatsächlich wissen müssen, wie ich an das Geld gekommen bin, bitte.« Die Polizei schreibt alles nieder. Knittel unterschreibt und kann gehen.

Der Erfolg bleibt nicht aus. Eines Tages kommt die Post mit einem Brief. Knittel muß zum *Gericht*, weil er das Geld im Zug aus dem Waschraum genommen hat.

das Gericht

Erika fragt und bekommt keine Antwort. Sie sieht, wie Knittels Gesicht erst weiß und dann rot wird. »Hermann, ist dir was? Komm, setz dich hin, oder soll ich dir eine Tasse Milch machen? Oder soll ich mal zum Gericht gehen, wenn ich mich ein bißchen nett anziehe und vielleicht die Kinder mitnehme?«

»Sei doch mal ruhig!«

»Hermann, nicht wahr, du hast etwas nicht richtig gemacht, gib es doch zu.«

»Habe ich nicht, überhaupt nicht. Davon verstehst du nichts, laß mich nur weitermachen.«

»Siehst du, das hast du davon, jetzt kannst du am Ende noch ins *Gefängnis* kommen. Hättest du das vorher erst richtig untersucht.«

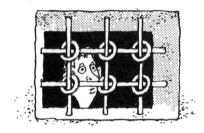

das Gefängnis

»Wieso hättest du?« fragt Knittel. »Hättest du nicht allen Leuten gezeigt, wieviel Geld wir haben, dann – – «

»Wieso ich«, fragt Erika, »wärst du erst gar nicht mit dem dummen Geld gekommen.«

Plötzlich gibt Knittel keine Antwort mehr, er läßt seine Erika mit ihren Fragen allein, zieht seine Jacke an und geht.

»Hermann, wo willst du hin?«

Knittel steht wieder vor der großen Bank. Er weiß noch nicht, ob er es tun soll, aber dann geht er doch hinein, zum Schalter. Er hat alles genau durchdacht. Er will nicht, daß sie über ihn lachen.

»Sie wünschen?«

»Ich bin zu Ihnen am siebzehnten Mai vormittags gegen 10 Uhr vierzig mit einem Scheck gekommen – mein Name ist Knittel, Hermann Knittel – können Sie mir sagen, von wem der Scheck war?«

»Das muß doch draufgestanden haben.«

»Die Unterschrift war nicht zu lesen, das ist doch immer so.«

»Aber Sie wissen doch, von wem Sie den Scheck bekommen haben.«

Knittel hat auch darauf eine Antwort. »Der hat natürlich
seinen Namen gesagt, aber das kann man ja nie verstehen.«

»Mein Herr, wie denken Sie sich das, wir können doch
unmöglich die Schecks aller unserer Kunden durchsehen.«

»Ich muß es wissen, und wenn Sie eine gute Bank sind – «

»War es denn ein größerer Betrag?«

»Nicht besonders – zehntausend –«

Der Beamte verschwindet. Nach einiger Zeit kommt er wieder.

»Wollen der Herr bitte warten.« Der Beamte wartet mit. Knittel fühlt sich nicht wohl, er möchte wieder fort, aber der Beamte steht in der Tür und geht nicht zur Seite.

»Bitte, der Herr, nur noch ein paar Minuten.«

Knittel setzt sich wieder hin und versucht zu lesen. Es geht nicht. Er versucht, mit dem Bankbeamten über das Wetter zu reden. Der Beamte antwortet mit: »Jawohl, mein Herr, ich weiß es nicht, mein Herr.« Endlich kommt jemand. Es ist ein zweiter Bankbeamter, größer als der erste und freundlicher. »Der Herr Direktor läßt bitten.« Knittel wird durch sehr viele Türen in ein Zimmer geführt. Hier muß er noch einmal warten. Dann kommt ein Herr im dunklen Anzug, bittet Knittel, Platz zu nehmen und setzt sich ihm gegenüber.

»Wir haben den Scheck gefunden und den Mann, der den Scheck geschrieben hat, angerufen. Die Sache ist natürlich in Ordnung.«

»Was heißt in Ordnung?« Knittel läßt sich nichts mehr gefallen. Er hatte jetzt lange genug gewartet, und er will endlich den Namen wissen. Der Herr im dunklen Anzug sagt, den Namen des Kunden könne er ihm leider nicht nennen.

»Wie, was, den wissen Sie nicht? Sie sagen doch, Sie haben gerade mit ihm telefoniert?«

»Ganz recht, aber er hat mir gesagt – «

»So, Sie dürfen nicht«, Knittel weiß nicht mehr, was er machen soll. »Herr Bankdirektor, können Sie mir gar nichts sagen. Mal ganz unter uns, was ist das für ein Mann, ich meine, ist er ein ehrlicher Mensch?«

Der Herr im dunklen Anzug antwortet: »Die Kunden unserer Bank, mein Herr, sind nur ehrliche Leute.«

»Sie müssen sich doch auch Gedanken machen, Herr Direktor, warum er nicht seinen Namen sagen will, mir aber einen Scheck über zehntausend Mark gegeben hat.« Da hat Herr Knittel aber nicht recht. Es ist nicht die Aufgabe einer Bank, zu denken, sondern Geld zu bewegen. Wozu und wohin, damit hat die Bank nichts, aber rein gar nichts zu tun.

Deswegen will der Direktor wieder gehen. »Wenn ich sonst noch etwas für Sie tun kann?« Knittel bleibt sitzen. Der Bankdirektor sagt: »Auf Wiedersehen.« Knittel sitzt immer noch. »Worauf warten Sie noch?« fragt der Direktor, »Ihr Geld haben Sie bekommen, was wollen Sie denn mehr?«

»Geld habe ich bekommen«, schreit Knittel. »Ja, und dafür muß ich ins Gefängnis gehen, nur weil dieser saubere Herr nicht seinen Namen nennen will. Ich werde die Polizei rufen.« Wer schreit, kriegt recht.

»Einen Augenblick bitte«, der Direktor verschwindet. Der Direktor kommt zurück. »Herr Knittel, wenn Sie mit dem Herrn selbst mal sprechen wollen?« Er nimmt ihn mit in sein Arbeitszimmer und gibt ihm das Telefon. »Ja, hier ist Knittel, Hermann Knittel, wer ist da bitte? Sind Sie der Herr mit dem Schlafanzug? Was war los mit Ihnen? Warum haben Sie mir das viele Geld gegeben? Haben Sie etwas getan? Warum hatten Sie keinen Anzug?«

Die Stimme aus dem Telefon antwortet ihm ruhig: »Fragen Sie nicht. Gehen Sie zum Gericht und warten Sie ab, was geschieht.«

Knittel möchte mehr wissen. Das Telefon macht »knack« und ist tot.

Fragen

1. Was erzählt Knittel der Polizei?

2. Warum geht Knittel noch einmal zur Bank?

3. Was sagt der Bankdirektor?

4. Was sagt der fremde Herr am Telefon?

der Richter

»*Angeklagter*, stehen Sie auf!«

Knittel hat Angst. Jetzt ist es soweit. Er denkt an die Worte aus dem Telefon. Was wird geschehen?

Der *Richter* schaut in den Papieren nach. »Sie geben zu, das Geld gestohlen zu haben?«

---

der Angeklagte, jemand, der vor Gericht steht

Knittel gibt keine Antwort. Er denkt nach. Er wartet, daß etwas geschehen soll. »Angeklagter, hören Sie her«, sagt der Richter. »Ich habe Sie gefragt, ob Sie zugeben, das Geld gestohlen zu haben? Oder soll ich Ihnen vorlesen, was Sie bei der Polizei erzählt haben?«

»Ich habe das Geld nicht gestohlen, ich habe es im Zug gefunden.«

»Sie hätten das Geld dem Schaffner oder der Polizei geben sollen. Da Sie es nicht getan haben, ist das Geld von Ihnen gestohlen.«

»Natürlich, das hätte ich tun sollen. Aber wie das im Leben so kommt. Es spielt einem kleinen Mann ein Vermögen in die Hand. Man kann es so gut gebrauchen, und es gehört einem unehrlichen Menschen, der es nicht besser verdient, und dann soll man es abliefern?«

Knittel läßt seine Augen durch den Raum laufen. »Wer von uns hätte das wohl getan?«

Die Leute im Gerichts*saal* stoßen sich an und sind der gleichen Meinung, und der Richter sagt weiter:

»Angeklagter, wieviel Geld haben Sie damals gefunden?«

»Das weiß ich nicht, ich habe es gar nicht gezählt.«

»Das ist aber dumm, da wissen wir ja gar nicht, wieviel Monate wir Ihnen geben müssen.«

»Monate?« Knittels Herz bleibt fast stehen. »Wieso Monate, das wollen wir doch erst mal sehen!« Jetzt muß er mit der Wahrheit raus. »So, jetzt will ich Ihnen mal die Wahrheit sagen. Ich habe das Geld gar nicht gefunden. Das habe ich von einem Herrn im Zug bekommen. Der lief da im Schlafanzug herum und wollte meinen blauen Anzug haben.«

»Und das sollen wir Ihnen auch noch glauben? Beim

---

der Saal, ein großer Raum

Finanzamt hatten Sie überhaupt kein Geld, beim Gaswerk war es ein kleiner Nebenverdienst, bei der Polizei wollten Sie gar nichts sagen, dann haben Sie es gefunden und wissen nicht mal wieviel, und jetzt haben Sie es plötzlich von einem Herrn im Schlafanzug, naja.«

Ein Beamter sagt dem Richter leise, daß draußen eine Dame wartet, die sagen möchte, woher der Angeklagte das Geld hat.

Es ist eine schöne Frau, wie sie ein Gericht nicht jeden Tag zu sehen bekommt. Sie bringt etwas von der großen Welt mit in den grauen, mit Ölfarbe gestrichenen Raum. Sie gehört zu den Frauen, deren Lebensaufgabe darin besteht, gut auszusehen, und die es gewohnt sind, daß man sie *anstarrt*.

Knittel weiß nicht, was er denken soll. Er hat manches erlebt, als er noch reich war, aber so schön war es nie. Auch die Stimme des Richters bekommt einen anderen Ton. »Wollen Sie bitte näher treten? Sind Sie es vielleicht, die das Geld im Zug *versteckt* hat?« Die Dame lächelt. Sie habe in dem Zug nur ein Schlafwagenabteil erster Klasse gehabt und abends im Speisewagen einen Herrn kennengelernt.

»Den Angeklagten?«

»Nein, einen Herrn.«

»Was hat er mit der Sache zu tun. Kann er nicht selber zum Gericht kommen?«

»Nein, deswegen bin ich gekommen. Der Herr möchte unbekannt bleiben, heute wie damals.«

»Kann ich mir denken, dann ist dieser Herr also derjenige, der das Geld im Zug versteckt hat?«

---

anstarren, lange anschauen
verstecken, wegbringen, so daß es niemand findet oder sieht

»Herren, die ich kenne, pflegen ihr Geld nicht zu verstecken«, sagt die schöne Dame.

Knittel in seiner Angeklagtenbank hat schon mehrmals Zeichen gemacht. »Wenn ich endlich mal was sagen darf. Ich habe in dem Zug auch so einen komischen Mann kennengelernt, der seinen Namen nicht sagen wollte. Vielleicht ist das derselbe.« Knittel sieht die Dame fragend an.

Sie weiß es nicht. Aber wenn sie einmal den Schlafanzug sehen könnte.

»Erika, hole schnell den Schlafanzug!«

»Den habe ich nicht mehr«, ruft Erika zurück. »Da habe ich verschiedenes daraus gemacht.« »Dann holst du das, was du daraus gemacht hast.«

»Das hast du doch an! Den neuen *Schlips*! Hast du das noch gar nicht gemerkt?«

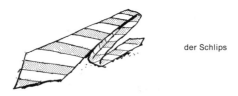

der Schlips

Knittel schaut sich seinen Schlips an, und die schöne Dame nimmt ihn prüfend zwischen die Finger. Knittel weiß gar nicht, wie ihm geschieht und wird rot.

»Nun?«

»Jawohl, das ist der Schlafanzug jenes Herrn, mit dem ich im Speisewagen zusammen war.«

»In den Speisewagen kommt man nicht im Schlafanzug«, behauptet der Richter, »woher also kennen Sie den Schlafanzug?«

Die schöne Dame sieht den Richter voll ins Gesicht. »Wollen Sie darauf wirklich eine Antwort?«

Der Richter will aber endlich wissen, was der Angeklagte damit zu tun hat. Knittel zeigt auf seinen Schlips.

»Sehen Sie, Herr Richter, hier ist der Beweis. Ich habe mein Geld tatsächlich von dem Herrn im Schlafanzug bekommen, der mit der Dame war.«

»Soso, und der hatte so viel Geld bei sich?«

»Nein, Geld eigentlich nicht. Der hat mir nur einen Scheck geschrieben«, sagt Knittel.

»Daß jemand im Schlafanzug sogar Schecks mit sich trägt, habe ich noch nie gesehen«, meint der Richter. Die Dame ist da anderer Meinung. »Doch, meine Herren, das gibt es, in unseren Kreisen bezahlt man meistens mit Schecks.«

»Angeklagter, wie kam dieser Mann dazu, auch Ihnen etwas zu geben?«

»Der hat mir gar nichts gegeben. Der hat nur meinen Anzug gekauft.«

»Und was haben Sie dafür bekommen, wenn man fragen darf?«

Knittel wird klein. Er weiß, jetzt wird man über ihn lachen, wenn er es sagt: »Zehntausend.«

Niemand lacht.

»Es war vielleicht ein bißchen viel«, sagt Knittel weiter, »und ich wollte das Geld auch gar nicht, aber ich mußte es nehmen. Er sah auch ganz nett aus. Ich kann doch nicht wissen, was das für ein Mensch ist.«

»Ich kann leider nicht sagen, wer dieser Herr ist«, sagt die Dame, »ich kann nur sagen, daß er wegen seiner besonderen Arbeit es sich nicht leisten konnte, im Schlafanzug über einen Berliner Bahnsteig zu laufen. In dieser Lage war ihm kein Preis zu hoch, um zu einem Anzug zu kommen.«

»Der Anzug war natürlich bei Ihnen?«

»Nein, eben nicht. Den Anzug hatte der Herr in seinem eigenen Abteil hinten im *Kurswagen* nach Hamburg.«

»Kurswagen?«

»Ganz recht, und in der Nacht wurde er abgehängt.«

»Wer, der Herr?«

»Nein, der Wagen.«

»Also der Anzug.«

Der Richter sagt »aha« und lächelt vor sich hin, die Leute im Saal reden laut darüber, wer der Herr gewesen sein könnte.

Die schöne Dame kann jetzt gehen.

Knittel ist frei.

Erika kommt zu ihm in die Anklagebank. »Hermann, was, das waren zehntausend Mark? Mir hast du nur sechs gegeben, wo hast du denn das andere?«

Auf einmal ist auch Onkel Alfred da, der sich bisher versteckt hatte. »Das ist ja schön, Hermann, dann bekommst du ja das Geld zurück!«

»Ja, und von dir bekomme ich auch noch 50 Mark.«

Viele Jahre sind vergangen. Helmut und Lotte sind groß geworden und alt genug, und wenn Knittel abends Zeit hat, erzählt er ihnen seine Geschichte. Die Geschichte von damals, wo er arm war und seinen schönen blauen Anzug, den er für 50 Mark hat verkaufen müssen und das Geld auf die Bank getan hat und von fast nichts gelebt hat, bis er Helmut auf die höhere Schule schicken konnte. Die Kinder sollten es besser haben als der Papa.

Der Herr, der nicht erkannt sein wollte, hat nun silbernes Haar und *erinnert* sich nur dunkel. Er fährt aber immer

---

der Kurswagen, ein Eisenbahnwagen, in dem man ohne Umsteigen bis zu einem Ziel fahren kann, der aber unterwegs an andere Züge angehängt wird

erinnern, etwas noch wissen

noch am liebsten mit dem Schlafwagen. Aber er kommt dabei nicht mehr in Gefahr.

Fragen

1. Warum muß Knittel vor das Gericht?

2. Wer kommt plötzlich in den Gerichtssaal?

3. Wie sieht die Dame aus?

4. Was erklärt sie dem Gericht?

5. Warum wird Knittel freigesprochen?

6. Was für eine Geschichte erzählt er seinen Kindern?